LE

DROIT DE RÉUNION

A PROPOS

DU PROJET DE LOI.

LE

DROIT DE RÉUNION

A PROPOS

DU PROJET DE LOI

A PARIS

CHEZ DENTU, LIBRAIRE-ÉDITEUR

PALAIS-ROYAL, GALERIE D'ORLÉANS

—

1868

LE
DROIT DE RÉUNION

A PROPOS

DU PROJET DE LOI

Le droit de réunion est inhérent à l'organisation sociale, par conséquent imprescriptible. Il serait superflu de l'écrire dans la loi, si l'exercice de ce droit, en donnant une issue aux plus mauvaises passions, aux plus basses ambitions, ne présentait parfois d'immenses dangers. Nos annales, depuis un siècle, en sont la démonstration irréfutable, dramatique et trop souvent sanglante.

L'histoire de la liberté en France est étroitement liée à celle du droit de réunion. — Tour à tour licencieux, effréné, réglementé, entravé, proscrit, célébré, maudit, ce droit, qu'on croyait à jamais enseveli sous les ruines du gouvernement de Février, vient de renaître de ses cendres.

Fait grave, qui frappera les moins clairvoyants.

Au moment où l'opinion publique est saisie du débat qui va se dérouler devant les Chambres, nous avons cru utile de lui apporter quelques documents. Il en ressort, à nos yeux, une double leçon dont il faut, avec une égale attention, peser les enseignements.

Cette leçon est à l'adresse du Peuple et des Gouvernements.

Au Peuple elle dit : Il faut mériter et conquérir la liberté; tu la mériteras en la pratiquant sans abus ; tu la conquerras définitivement par la sagesse et la modération.

Aux Gouvernements elle dit : La compression n'est pas un système politique, ce n'est qu'un expédient. Aimez, protégez la liberté : ce sera votre sauvegarde dans les périls. Ne redoutez pas son contrôle : c'est votre guide, votre appui. Téméraires ceux qui la proscrivent ! Insensés ceux qui pensent la tuer ! Comme la vérité, elle est immortelle.

Cette grande question sera, nous n'en doutons pas, accueillie, étudiée, discutée à la tribune française avec l'ampleur et l'attention qu'elle mérite. Arrière les préoccupations de parti, les audaces intempestives, les peurs intéressées ! Rallions-nous sincèrement autour du même drapeau, celui de l'Ordre et de la Liberté.

Sans Ordre, point de Gouvernement, point de sécurité, point de force.

Sans Liberté, point d'avenir, point de salut.

I

Faire l'historique du droit de réunion, c'est poser
nettement le problème et presque le résoudre.

Sous l'ancienne monarchie, ce droit ne fut sou-
mis à aucune réglementation systématique ; les or-
donnances royales se bornaient à prohiber, sur tel
ou tel point du territoire, les assemblées paraissant
animées d'intentions séditieuses et de nature à
troubler l'ordre public. Mais, d'après la jurispru-
dence, « toute assemblée, qui ne se faisait pas dans
« le dessein de porter aucun trouble, ne devait pas
« être punie. »

La convocation des États Généraux, en 1789, fut
précédée d'une agitation salutaire qui pénétra tout
le pays. Jusque dans les moindres localités, les citoyens furent invités à se réunir autour de leurs
chefs et de leurs magistrats pour exposer leurs
griefs et motiver leurs vœux. Ces vœux, centralisés
dans les assemblées de bailliage, puis dans celles des
provinces, parvinrent de là aux États Généraux.
Telle fut l'origine des fameux *Cahiers*, qui furent
comme le testament de l'ancienne France à la
France nouvelle. Le droit de réunion s'exerça alors
avec modération et sans entrave ; toutefois nous
voyons le Conseil d'État du Roi rejeter, comme for-
mulés irrégulièrement, les vœux émis par des as-

semblées qui s'étaient tenues en dehors des locaux
assignés par l'autorité.

II

Le droit de réunion est proclamé dans la loi du
13 novembre 1790 : « Tous les citoyens ont le droit
« de s'assembler paisiblement, à la charge d'obser-
« ver les lois. »

Au mois de décembre de la même année
l'Assemblée discute un article, qui a pour objet de
réglementer l'exercice de ce droit ; l'article est ainsi
conçu : « Les citoyens actifs, après les élections fai-
« tes, ne pourront ni rester assemblés, ni s'assem-
« bler en corps de commune sans une convocation
« expresse du Conseil général de la commune, et
« autorisée par l'administration du département.
« Pourront néanmoins les citoyens se former pai-
« siblement, jusqu'au nombre de trente, en assem-
« blées particulières, pour rédiger et faire parve-
« nir des adresses et des pétitions, soit au corps
« municipal, soit aux administrateurs du district et
« du département, soit au Corps Législatif, soit au
« Roi. »

Il faut le remarquer, nous nous heurtons, dès le
premier pas, à une inquiétude légitime que l'expérience, une terrible expérience, devait bientôt
accroître.

Prieur réclama contre l'autorisation de l'administration départementale, qui entraînait fatalement des délais incompatibles avec l'urgence de certaines réunions.

Mirabeau dit : « Les hommes non armés ont le « droit de se réunir en tel nombre qu'ils veulent « pour communiquer leurs lumières, leurs vœux et « leurs titres; les en empêcher, c'est attaquer les « droits de l'homme. Tout ce que peut la loi, c'est de « restreindre le nombre de ceux qui seront chargés « de porter les pétitions. »

Duport rappela que cet article était non-seulement contraire à la liberté, mais encore aux décisions précédentes de l'Assemblée, qui fit disparaître du projet de loi ce qui concernait la limitation du nombre, la convocation du Conseil de la commune et l'autorisation préalable.

La constitution du 3 septembre 1791 reconnut de nouveau ce droit, mais en termes qui accusent de plus en plus une disposition, sinon à l'entraver, du moins à le surveiller. Elle consacra « la liberté « pour tous les citoyens de se réunir paisiblement « et sans armes, en satisfaisant aux lois de po- « lice. »

Le 25 septembre de la même année, l'Assemblée Constituante, à la veille de sa dissolution, semble pressentir plus nettement les dangers du droit de réunion, revient sur ses décisions antérieures, et rend un décret défendant à toute société, non instituée politiquement, de faire corporation, de paraître légalement sous un nom collectif, de prendre des décisions sur les affaires publiques (1).

III

  Survient l'effroyable orage révolutionnaire : « Tout homme d'État, en lisant l'histoire de ces « temps néfastes, n'y trouvera pas deux bonnes « pages pour la liberté, » disait naguère (2) un de nos illustres orateurs, M. Jules Favre.

Personne n'ignore les excès et la violence des clubs ; ils devinrent le théâtre des déclamations les plus hideuses et les plus passionnées ; des discours ils passèrent à l'action, censurèrent les pouvoirs publics, prirent des décisions, s'organisèrent entre eux, couvrirent Paris et la France d'une vaste et puissante association qui forma un État dans l'État. « La Convention gouvernait à l'étranger par ses « quatorze années ; elle ne gouvernait pas à l'inté- « rieur, sur le seuil des prisons et sur les marches « de l'échafaud (3). » Les séances du fameux club des Jacobins pas-

(1) V. le Rapport sur la loi des clubs de M. A. Coquerel (*Moniteur*, séance du 22 juillet 1848).

(2) V. le *Moniteur*, séance du 19 mars 1848.

(3) V. le *Moniteur*, séance du 22 juillet 1848 ; M. Ath. Coquerel dans son Rapport sur la loi des clubs.

saient même, dans le *Moniteur* d'alors, avant le compte-rendu des séances de la Convention. Cette société d'énergumènes agitait des mesures politiques, presque toujours sanguinaires, arrêtait des résolutions, envoyait des députés à l'Assemblée souveraine, et souvent, par l'intimidation, parvenait à y faire triompher sa volonté (1).

Il ne se passa presque pas de jour sans commotion populaire; ce fut un spectacle fréquent de voir la populace envahir l'enceinte de la Convention, pour imposer l'adoption de certaines mesures qui la flattaient. En ces temps de trouble et de fièvre, résultat d'un long régime despotique, tenter de réprimer ces désordres, c'eût été mettre la république naissante en péril. La surexcitation, entretenue par les événements journaliers, était trop vive pour que le peuple pût se résigner à ne pas exercer la part de pouvoirs qu'il prétendait s'être réservée. Les clubs s'arrogèrent le droit de contrôler les discussions de la Convention, et la conscience qu'avaient de leur force les sociétés populaires les porta à ce point d'audace qu'elles ne reconnurent les actes du pouvoir qu'autant qu'ils étaient consentis par elles.

La Commune de Paris, qui exerça constamment

(1) V. dans le *Moniteur* le compte-rendu d'une séance des Jacobins du 20 septembre 1793 : on y confère sur la nécessité de pousser activement le procès de Brissot, Vergniaud, Guadet et de l'infortunée Marie-Antoinette ; on propose de faire indemniser les sans-culottes qui daignent assister aux assemblées des Sections.

une influence formidable, tenait cette influence des
clubs nombreux, auxquels elle servait de centre, et
par lesquels elle rayonnait sur le pays tout entier.

Les esprits modérés, qui avaient été les premiers
à saluer l'ère de la liberté en France, sentaient le
sol trembler et l'approche d'un cataclysme social.
« Les doctrines subversives des clubs, leurs attaques
« contre la propriété, contre l'industrie et le com-
« merce, qu'on traitait publiquement de délits, fu-
« rent dénoncées à l'indignation des honnêtes gens.
« Les clubs, ajoutait-on, où toute absurdité est
« admise, pourvu qu'elle soit homicide, tout men-
« songe accueilli, pourvu qu'il soit atroce, anéan-
« tiront la Constitution; leur organisation est un
« système de désorganisation, leur destruction est
« le seul remède aux maux de la France (1). »

Le danger était évident, immense ; mais com-
ment le conjurer ? Le peuple, déjà sous l'empire
de cette fascination qui amena la Terreur, se pre-
cipitait avec délire dans la plus affreuse anarchie.

Le 19 juin 1792, on lut à l'Assemblée une lettre
du général Lafayette, qui, après avoir signalé le
péril, se terminait par ces paroles, que l'histoire
doit conserver à l'honneur de l'illustre citoyen :
« Faites que la justice criminelle prenne la marche
« constitutionnelle..., que le pouvoir royal reste

(1) C'est dans le *Moniteur* du 7 mars 1792 que nous relevons
ces accusations ; Marie-Joseph Chénier essaye de les repousser
comme des calomnies. Son frère, André Chénier, se montrait
dès lors son adversaire résolu.

« intact et indépendant, car cette indépendance
« est la sauvegarde de la liberté...; que le régime
« des clubs fasse place à celui de la loi, leurs
« maximes de désorganisation aux combinaisons
« de la sagesse....., leurs fureurs délirantes au
« calme de la raison... Ces conseils viennent d'un
« citoyen à qui on ne disputera pas son amour
« pour la liberté. Je dois ces vérités à ma patrie,
« à mon roi, à moi-même (1). »

Des applaudissements éclatent dans la salle. On demande à envoyer cette lettre aux quatre-vingt-trois départements. La France était peut-être sauvée ce jour-là de la Terreur, si la Gironde, pour son malheur et celui de la patrie, ne se fût ralliée à l'extrême gauche. Vergniaud s'élance à la tribune au milieu du tumulte : cette manifestation du général est, à ses yeux, un procédé qui rabaisse l'Assemblée. La majorité résiste. Guadet s'écrie que la liberté fut perdue en Angleterre le jour où Cromwell put parler un tel langage; ce spectre évoqué décide la victoire du parti radical.

Les protestations contre les clubs se reproduisent même en 1793. Le *Moniteur* du 27 mai nous apprend que la section des Arcis demande par son orateur à la Convention que toute correspondance soit interdite entre les sociétés populaires, afin qu'elles ne puissent s'ériger en corporations dans l'État. La Montagne réclame la question préa-

(1) *Moniteur* du 19 juin 1792.

lable; c'est, dit-elle, attenter à la liberté de la Presse. La Gironde résiste d'abord, mais cède bientôt. Ce fut dans cette séance mémorable que le président Isnard, rappelant la Commune de Paris au respect de la Convention, dit : « Si, par ces « insurrections toujours renaissantes, il arrivait « qu'on portât atteinte à la Représentation natio- « nale, je vous le déclare au nom de la France « entière... (Non! Non! à l'extrême gauche. Le « reste de l'Assemblée se lève simultanément, tous « les membres s'écrient : Oui! dites au nom de la « France !)..., je vous le déclare au nom de la « France entière, Paris serait anéanti. — *Marat* : « Descendez du fauteuil, président, vous jouez le « rôle d'un trembleur... Vous déshonorez l'Assem- « blée !... (1) »

Le 16 octobre 1794, la Convention tente, par un décret, de désarmer les clubs en brisant leur lien. Enfin, le 23 août 1795, elle déclare que « toute as- « semblée, connue sous le nom de club ou de so- « ciété populaire, est dissoute. »

On a dit à la louange des clubs qu'ils devinrent, dans le danger public, de véritables foyers de dé- vouement patriotique, qu'ils se transformèrent en bu- reaux permanents d'enrôlement volontaire, comme si le patriotisme de la nation n'avait eu d'autre asile et d'autre aliment ! Mais le souvenir de leur odieuse tyrannie, de la Terreur, qu'ils ont protégée

____

(1) V. le *Moniteur* du 27 mai 1793.

et maintenue, l'expérience récente que le pays a de nouveau tentée, les ont voués à jamais à l'exécration de la France.

« Les nations ont une mémoire implacable , a
« dit Lamartine, et vous ne pourrez pas faire qu'en
« France ces orgies de la liberté, ces saturnales du
« patriotisme, ne répugnent à ces hommes dont les
« clubs ont dévoré les familles et les enfants, qui
« ont dans la mémoire le sang de leurs pères. »

A partir de 1795, sous le Directoire, la réaction contre les clubs s'accentua de plus en plus ; malgré leurs efforts, les sociétés politiques ne parvinrent qu'à ressaisir une existence précaire (1). Des pro-

(1) Le *Moniteur* nous donne la nomenclature curieuse des titres des clubs et sociétés populaires, qui couvrirent Paris pendant la Révolution. Il y eut : la *Société des fils légitimes,* de l'*Ami du peuple,* des *Amis des droits de l'homme,* des *Amis de la liberté et de l'égalité,* des *Amis des noirs,* de la *Bouche de fer ou Cercle social,* du *Café Chrétien,* du *Cercle constitutionnel de la rue du Bac,* de la *Charité maternelle,* de *Clichy,* des *Cordeliers,* des *Défenseurs de la patrie,* du 10 *Août,* des *Droits de l'homme,* des *Femmes républicaines et révolution-naires, Fraternelle des halles, Fraternelle des deux sexes,* des *Hommes libres,* des *Jacobins ou Amis de la Constitution,* des *Jacobins du manége,* de *Lajouski,* de 1789, du *Panthéon,* du *Salon français,* des *Sans-Culottes hollandais, Philanthropique.* — Il y eut : le *Club central des sociétés populaires, Électoral ou de l'évéché,* des *Impartiaux, Monarchique,* de la *Sainte-Chapelle,* de *Salm,* *Massiac,* etc. Le *Moniteur* du 26 thermidor 1799 rend compte d'une réunion des Jacobins pour célébrer le 10 août ; on y chante : *Où peut-on être mieux? Veillons a*

2

jets de loi divers, et sans cesse remaniés, sur le droit de réunion, restèrent pendants au Conseil des Cinq-Cents.

En 1799, P.-L. Rœderer publia une brochure intitulée : *Des sociétés particulières, telles que clubs, réunions, etc.* (1).

Il y signalait, avec une haute raison et un grand bon sens, le vice et le danger de telles associations, sans autre frein que leur ambition, sans autre direction que leur caprice. « Ignorez-vous, disait-il,
« que ce grand levier des révolutions remue et re-
« tourne le corps politique, non pas au gré du peu-
« ple lui-même, mais au gré du premier ambitieux
« qui sait s'en saisir? Ce fut un grand club, présidé
« dans le principe par Cromwell et le chevalier
« Vanes, qui ébranla et fit crouler la royauté héré-
« ditaire de Londres; mais ce même club fonda en-
« suite la tyrannie de Cromwell. Ce furent de
« même les Jacobins qui renversèrent la royauté en
« France et qui la rétablirent ensuite pour Robes-
« pierre et ses dignes satellites. »

salut de l'Empire, la *Marseillaise*, le *Chant du départ*, le fameux *Ça ira*. Un orateur rappelle les beaux moments et les délicieux souvenirs que cet air chéri retrace à la mémoire des Français, et finit son discours par ces mots : *Ça ira, ça va, vive la République!*

(1) Nous ignorons si cette brochure, que nous connaissons par le *Moniteur* seulement, a été comprise dans la publication des *OEuvres complètes de P.-L. Rœderer*, en 6 vol. in-8, qui n'est pas dans le commerce.

Le 7 messidor 1799, Français de Nantes lisait au Conseil des Cinq-Cents un rapport concernant un projet de loi sur les réunions. Aux termes de ce projet, qui fut ajourné comme ses aînés, « nulle « société s'occupant de discussions politiques ne « pouvait être formée que sur un arrêté de l'Admi- « nistration centrale, rendu définitif par le Direc- « toire. »

Le décret du 7 thermidor an V avait bien défendu les associations politiques, en déclarant ceux qui en feraient partie coupables du délit d'attroupement; mais les sociétés n'en continuaient pas moins à lutter contre la loi et contre un Gouvernement qui n'était ni assez fort ni assez respecté pour écraser complétement les débris de l'anarchie révolutionnaire.

IV

Le 18 brumaire vint mettre un terme à ces velléités de désordre.

Sous le Consulat, sous l'Empire et sous les deux Restaurations, le droit de réunion ne fut ni revendiqué ni contesté : la France expia dans le despotisme les excès de la liberté.

Avec la révolution de Juillet commence, à travers bien des oscillations, une marche ascendante vers un régime plus libéral. En présentant la loi du

10 avril 1834, le Garde des sceaux disait : « Nous
« faisons une loi contre les associations et non pas
« contre les réunions accidentelles et temporaires
« qui auraient pour objet l'exercice d'un droit cons·
« titutionnel. » Le droit de réunion fut donc reconnu, mais resta ajourné ou plutôt indéterminé.

Ce fut l'écueil où la nouvelle dynastie fit naufrage. Étrange destinée! Le Gouvernement de Juillet devait, après dix-sept années d'une sage administration, disparaître soudain dans un orage soulevé par ce droit de réunion, qu'il avait reconnu,
et dont il avait ajourné la réglementation.

V

Le droit de réunion fut inscrit dans l'article 8 de
la Constitution républicaine; on lui assigna toutefois pour limites la liberté d'autrui et la liberté publique.

L'effervescence populaire déborda bientôt. Des
scènes, analogues à celles qui troublaient la Convention, se passèrent à l'Assemblée nationale. Les
clubs agitèrent Paris, et essayèrent de se ramifier
dans les départements. Dès le mois de mai, l'orage,
qui éclata dans les funestes journées de Juin, s'an-
nonçait clairement. Un membre de la Chambre,
M. Isambert, proposa de fermer les clubs, tout en

laissant aux citoyens le droit de se réunir pour si-
gner des pétitions, après déclaration préalable à
l'autorité.

Il ne manquait pas sans doute alors d'esprits
clairvoyants que les manœuvres des clubs inquié-
taient : mais le mot magique de liberté avait tourné
bien des têtes ; on aima mieux s'exposer aux suites
de la licence que de porter la plus légère atteinte au
droit constitutionnel. Pas un député n'appuya la
proposition de M. Isambert.

Le 8 juin, M. Paul Sevaistre la renouvela sans
plus de succès.

Il fallut bien ouvrir les yeux, et reconnaître les
clubs armés derrière les barricades.

Le 11 juillet 1848, le Ministre de l'intérieur,
M. Sénard, présenta un projet de loi sur les clubs.
L'exposé des motifs reconnaissait que « les citoyens
« ont le droit de se réunir pour s'occuper des af-
« faires publiques et de conférer entre eux sur les
« questions de la politique et les intérêts généraux
« du pays ; mais, ajoutait-il, le droit de réunion
« dans les clubs, s'il était affranchi de toute surveil-
« lance et de toute limite, conduirait infailliblement
« à des excès qui placeraient la société dans un vé-
« ritable péril. »

La minorité de la Commission se prononça pour
l'interdiction des clubs ou réunions politiques, pé-
riodiques et permanentes ; elle demanda la pratique
du droit de réunion, d'une manière accidentelle et
temporaire, comme en Angleterre. La majorité

trouva cette interdiction inconstitutionnelle et dangereuse, et céda plutôt à la crainte de l'impopularité qu'au sentiment de réprobation soulevé parmi les gens modérés contre les clubs. Toutefois ce passage du rapport déposé par M. Athanase Coquerel, le 22 juillet, prouve que ce sentiment était bien près d'être partagé par les législateurs :

« Quand nous nous rappelons tout ce que l'in-
« fluence et l'action des clubs vient de coûter à la
« France, la guerre civile dans son sein, le plus
« pur de son sang répandu à flots, ses généraux
« épargnés sur le sol étranger et tombant sur le
« sol de la patrie, l'Assemblée nationale payant
« quatre fois le tribut de la mort, la religion elle-
« même repoussée comme parlementaire et pleurant
« un de ses ministres qui trouve la mort où, en son
« nom, il offrait la paix.., citoyens représentants,
« alors nous nous prenons à croire que la loi n'au-
« rait dû avoir qu'un article et qu'un mot : Les clubs
« sont interdits ! »

La discussion eut lieu le 25 juillet. M. Flocon insista inutilement pour l'admission des femmes dans les clubs. M. Th. Bac soutint un amendement qui autorisait les clubs à communiquer entre eux. C'était aller contre la principale disposition du projet : l'amendement fut repoussé.

La loi consacrait, comme chacun sait, la déclaration préalable, la surveillance et l'ingestion de l'autorité ; elle interdisait l'affiliation des clubs, l'admission dans leur sein des femmes et des mi-

neurs, la discussion de principes contraires aux
lois, enfin la rédaction de résolutions sous une
forme qui pourrait rappeler celle des décrets et des
actes de l'autorité.

Conformément à un amendement de M. Durand
de Romorantin, les réunions électorales furent
exceptées de ces mesures rigoureuses.

Cette réglementation compliquée fut néanmoins
impuissante.

Six mois après, M. Léon Faucher, Ministre de
l'Intérieur, dénonçait à la tribune les menées fac-
tieuses des clubs et l'agitation que leurs doctrines
immorales et subversives entretenaient dans le
pays. Le Gouvernement reconnaissait l'inviolabilité
du droit de réunion ; mais la fermeture des clubs
n'y portait pas atteinte, et n'entraînait pas l'interdiction des assemblées qui auraient un but spécial,
déterminé, et se dissoudraient une fois ce but at-
teint ou abandonné.

Le rapporteur, M. Sénard, déclara, au nom de la
Commission instituée pour examiner d'urgence le
projet de loi, « que ce n'était pas seulement l'exis-
« tence des clubs qu'on menaçait, mais encore le
« droit de réunion en lui-même ; qu'on attaquait la
« Constitution. » Le ministère n'obtint pas l'urgence
qu'il sollicitait ; une nouvelle Commission fut nom-
mée pour examiner le projet.

La discussion fut ouverte le 19 mars ; elle mit
aux prises les deux partis qui divisaient la Chambre ;
la lutte fut vive et prolongée.

M. Jules Favre posa la question constitutionnelle
avec force, et prétendit démontrer que, si le Gouvernement provisoire, n'ayant d'autre action qu'une influence morale, avait pu gouverner avec les clubs, il
n'était pas vrai de dire que ces réunions fussent incompatibles avec un pouvoir fort et armé. L'orateur
reconnut que « la cause des clubs était peu populaire
« en France, qu'ils avaient mérité la défaveur dont
« ils étaient l'objet par leurs violences et leurs exagé-
« rations », mais il ajouta qu'il fallait tout oser et
beaucoup souffrir pour conserver les libertés con-
quises. Thèse élevée, nous en convenons, et à la-
quelle nous applaudirions de bon cœur, si elle eût
été plus en rapport avec les nécessités de l'ordre et
de la sécurité.

Enfin l'Assemblée, par 378 voix contre 359, adopta
un amendement ainsi conçu :

« Les clubs sont interdits ;

« Ne sont pas considérées comme clubs les as-
« semblées publiques et politiques non permanentes,
« qui ne se réuniront que pour la discussion d'un
« objet déterminé. »

Ce résultat était une défaite pour le Gouvernement, et provoqua la dissolution de la Commission.
La loi demeura en suspens.

Le Rapporteur de la Commission nouvelle, M. Ay-
lies, déclara, le 9 mai, que la question du droit de
réunion paraissait trop grave pour être utilement
discutée dans le laps de temps qui restait à l'Assemblée ; que les lois des 16 et 24 août 1790 et

le décret du 28 juillet 1848 suffisaient pour régler l'exercice et assurer la liberté des réunions électorales.

L'Assemblée Législative, qui succéda, sur ces entrefaites, à la Constituante, se montra encore moins favorable aux clubs que sa sœur aînée. Le 14 juin 1849, M. Dufaure, ministre de l'intérieur, rapporta à la Chambre le projet de loi primitif contre les clubs. L'exposé reconnaissait, comme toujours, aux citoyens le droit constitutionnel de se réunir, mais la loi le supprimait en le subordonnant à l'appréciation et au bon plaisir de l'autorité. Toutefois, on donna à ces mesures un caractère transitoire, destiné à rassurer les susceptibilités libérales de la majorité, qui aurait peut-être reculé devant l'immolation définitive du droit de réunion.

La loi était ainsi conçue :

« Art. 1. Le Gouvernement est autorisé, pendant « l'année qui suivra la promulgation de la présente « loi, à interdire les clubs et autres réunions publi- « ques qui seraient de nature à compromettre la « sécurité publique.

« Art. 2. Avant l'expiration de ce délai, il sera « présenté à l'Assemblée nationale un projet de loi « qui, en interdisant les clubs, réglera l'exercice du « droit de réunion. »

Si les clubs étaient irrévocablement condamnés, le droit de réunion était d'autre part reconnu. C'était un ajournement de la liberté, un contrat, une promesse.

L'année suivante, le 30 mai 1850, le Gouvernement, par l'organe de M. Baroche, ministre de l'Intérieur, demande que la loi soit prorogée d'une année, et qu'elle devienne applicable aux réunions électorales.

En présence de ces rigueurs croissantes, l'extrême gauche, qui avait affecté un silence dédaigneux lors du vote de la loi, et s'était bornée à protester par 151 suffrages contre 373, la gauche retrouva la parole. MM. Th. Bac, Crémieux, Matthieu de la Drôme, etc., défendirent vigoureusement le droit de réunion contre ce qu'ils nommaient des *lois fatales, une protestation à l'adresse du Suffrage Universel.*

La loi passa.

Le 24 juin 1851, nouvelle demande de prorogation. L'irritation de la gauche s'était encore accrue; le projet de loi fut combattu avec une vivacité extrême, parfois même avec une passion regrettable. Le Gouvernement fut sommé d'accomplir ses engagements; la loi primitive lui imposait l'obligation de présenter un projet qui réglerait l'exercice du droit de réunion, au lieu de le supprimer. La majorité répliqua, par l'organe du Rapporteur, M. Jules de Lasteyrie, avec quelque animosité; enfin un amendement de M. Sainte-Beuve, qui proposait d'excepter des prohibitions de la loi les réunions électorales, fut rejeté par 395 voix contre 245, et emporta dans son naufrage le dernier débris du droit de réunion.

« Votre loi, s'écria M. Pierre Leroux, en descen-

« dant de la tribune, où il n'avait pu obtenir la pa-
« role, est une guillotine de la liberté ! »

En réalité, c'étaient les clubs, si chaudement dé-
fendus, trop longtemps tolérés, qui venaient de
porter ce coup à la liberté : la gauche en était plus
responsable peut-être que la majorité.

VI

« Après le 2 décembre, dit l'Exposé des motifs
« du projet de loi qui nous occupe, le premier be-
« soin du pays était le rétablissement de l'ordre. La
« société, violemment ébranlée, appelait à son aide
« la protection d'un pouvoir respecté. Le Gouverne-
« ment impérial dut réagir énergiquement contre
« les causes de ces alarmes et de ces agitations. »

Le décret du 25 mars 1852 déclara les articles
291, 292 et 294 du Code pénal, ainsi que les articles
1, 2 et 3 de la loi du 10 avril 1834, applicables aux
réunions publiques, de quelque nature qu'elles fussent. Ainsi le droit de réunion fut, en quelque sorte,
assimilé à un délit.

Ce décret a été jusqu'ici en vigueur.

Nous n'avons pas à apprécier jusqu'à quel point
ces rigueurs furent justifiées par les circonstances ;
remarquons seulement, qu'en toute occasion, les
principes libéraux de 1789 furent solennellement
proclamés par le Souverain ; il ajouta même à ces

déclarations la promesse d'un couronnement libéral pour l'édifice constitutionnel de 1852.

Le progrès, qui peut être entravé momentanément, reprend toujours tôt ou tard sa marche invincible. Le besoin d'une expansion libérale se fit bientôt sentir en France et devint de plus en plus pressant. Aux réclamations violentes et hostiles succédèrent des vœux plus modérés, plus sérieux, qui se firent jour non-seulement dans la Presse, mais au sein des Chambres.

Le prince Napoléon, dans son discours d'Ajaccio, rendit hommage au droit de réunion.

L'Empereur voulut satisfaire ces aspirations. Il jugea que le moment favorable était venu, et que la liberté, fondée sur des assises solides, après une longue période de calme, aurait plus de chance de développement et de durée que dans les époques tourmentées, qui l'avaient vue presque au même instant naître et périr.

« .....Je crois, disait-il dans sa lettre au Ministre « d'État du 19 janvier 1867, qu'il est possible de « donner aux institutions de l'Empire tout le développement dont elles sont susceptibles, et aux « libertés publiques une extension nouvelle, sans « compromettre le pouvoir que la nation m'a « confié.....

« .... Il est également nécessaire de régler légis-

« lativement le droit de réunion, en le contenant
« dans les limites qu'exige la sûreté publique.

« J'ai dit, l'année dernière, que mon Gouver-
« nement voulait marcher sur un sol affermi, ca-
« pable de supporter le pouvoir et la liberté. Par les
« mesures que je viens d'indiquer, mes paroles se
« réalisent ; je n'ébranle pas le sol que quinze
« années de calme et de prospérité ont consolidé, je
« l'affermis davantage, en rendant plus intimes
« mes rapports avec les grands pouvoirs pu-
« blics, en assurant par la loi aux citoyens des
« garanties nouvelles, en achevant enfin le couron-
« nement de l'édifice élevé par la volonté na-
« tionale. »

VII

Ces mots eurent un immense retentissement en
France et en Europe, et semblèrent justifier la parole, jusque-là si contestée, qui déclarait l'Empereur
l'homme le plus libéral de France. L'opinion publique les acclama et les accueillit comme un gage
précieux et certain.

Cependant, soit nécessité de mûrir par l'étude et
la controverse les graves questions que soulevait la

lettre du 19 janvier 1867, soit par l'effet d'intrigues sourdes et persévérantes, formées, dit-on, autour de l'Empereur, la discussion de la loi sur le droit de réunion, dès lors impatiemment attendue, fut ajournée à la session législative de 1868.

« Le problème posé restera sans solution. Le Gou-
« vernement est divisé sur la question de savoir s'il
« est opportun d'étendre ou de restreindre les liber-
« tés. La promesse sera ou bien éludée ou bien
« indéfiniment ajournée. La majorité du Corps
« législatif s'est ralliée à l'opposition réactionnaire
« qui existe au sein du Gouvernement. » Tels furent les bruits que cet ajournement fit circuler.

Enfin le projet de loi fut mis à l'ordre du jour de la Chambre. Les critiques ne manquèrent pas :
« C'était un leurre ; il apportait de grandes
« entraves au droit qu'on prétendait consacrer ; il
« abandonnait tout, ou peu s'en fallait, au bon plai-
« sir de l'autorité. L'ombre de liberté laissée aux
« réunions ayant un but exclusivement littéraire,
« scientifique ou commercial, était une concession
« insignifiante. Ni la littérature, ni la science, ni le
« commerce, ne souffraient et ne réclamaient. Le
« droit de réunion, comme l'entendait l'opinion,
« était essentiellement politique, et la loi l'immo-
« lait, en le subordonnant à l'autorisation. »

En effet, après avoir lu l'Exposé des motifs, il faut le reconnaître, le Conseil d'État a mérité ces critiques. Les libertés qu'il consacre ne sont nullement en souffrance, celles qu'il restreint et entrave sont les plus précieuses, les seules dont nous ayons souci.

VIII

Dans un pays de suffrage universel, le droit du peuple à se réunir pour discuter les intérêts généraux et les affaires publiques nous paraît incontestable en principe. Le méconnaître, ce serait mettre en question le Suffrage Universel lui-même, base de notre Constitution.

Le peuple confie à des mandataires, pour un laps de temps déterminé, le soin et le devoir de contrôler, d'éclairer le Gouvernement, de voter le budget, de faire la loi. Ces mandataires se trouvent investis d'une part de la souveraineté nationale, et sont tenus de l'exercer aux conditions ordinairement formulées dans les circulaires qui précèdent l'élection.

Cette délégation de pouvoirs une fois accomplie, y a-t-il dans la continuation ou le retrait du mandat une sanction suffisante pour les engagements contractés ? Le mandataire est-il désormais soustrait à tout contrôle de ses commettants ?

Nous ne le pensons pas : cette délégation ne peut en effet entraîner l'aliénation, même temporaire, du pouvoir souverain du peuple, qui reste de soi inaliénable ; cette délégation est une nécessité imposée par la concentration qu'implique tout Gouvernement.

A nos yeux, le rôle du Corps Législatif n'acquiert toute son efficacité, toute sa puissance, que par l'exercice du droit de réunion et les conséquences qui en découlent.

L'Assemblée issue du Suffrage Universel, si elle veut conserver le prestige de son origine, doit rester en communication intime avec le pays. Il lui faut des moyens sûrs et rapides de se retremper à sa source dans les moments critiques; la Presse ne suffit pas à toutes les manifestations de l'opinion; la Presse a pour supplément indispensable et légitime le droit de réunion.

D'un autre côté, le contrôle politique, s'exerçant au nom du Suffrage Universel, dans des réunions populaires, a des limites qu'il ne doit pas franchir; il sera sobre et modéré. Il faut que le peuple puise dans le sentiment de ses droits le respect de lui-même et d'autrui. Il entourera d'égards les mandataires honorés de sa confiance; ce n'est pas sous forme d'intimidations ou de menaces, mais avec mesure, avec dignité, qu'il produira ses conseils ou ses vœux.

Un homme d'Etat contemporain, Lord Brougham, a exprimé ce que nous venons dire dans des termes que nous croyons utile de rappeler :

« Le droit du peuple à se réunir en grandes as-
« semblées n'est discutable dans aucun pays libre.
« La présentation de pétitions au Gouvernement et

« aux Assemblées législatives , l'envoi d'instruc-
« tions aux députés, l'exposé des griefs qui peuvent
« avoir échappé à l'attention des représentants, la
« surveillance à exercer sur eux pour éviter toute
« négligence de leur devoir, pour prévenir ce qui
« pourrait trahir la confiance accordée, tout cela
« exige, à l'occasion, des réunions populaires, qui
« sont la conséquence de la délégation que le peu-
« ple fait de son pouvoir. Mais ces droits veulent
« être exercés avec sobriété et modération. Si le
« peuple menace ses représentants ou les magistrats;
« s'il lui arrive de dicter la ligne de conduite à
« suivre, ou, ce qui est plus grave encore, si, par le
« nombre, par des démonstrations violentes de
« force brutale, si, par la fréquence et la régularité
« de ces réunions, il montre l'intention d'usurper
« les fonctions de ses députés, alors il reprend la
« confiance accordée, et le principe représentatif
« est entièrement violé (1). »

Nous sommes donc placés entre deux termes,
entre deux nécessités, deux écueils. Le prestige de
l'autorité, la souveraineté du peuple, le respect de
l'ordre, l'exercice du droit, sont toutes choses auxquelles il faut nous garder de porter atteinte.

Proclamer d'une manière absolue le droit de
réunion, sans mesures restrictives et préventives,
c'est affaiblir le pouvoir, en lui créant des obstacles

(1) *The British Constitution*, by H. Lord Brougham, ch. IX,
sect. II, p. 118.

3

journaliers, insurmontables; supprimer ce droit, sous prétexte qu'il offre des dangers, c'est nier le Suffrage Universel, car c'est admettre que sa souveraineté a des intermittences et qu'elle peut s'abdiquer.

La solution du problème est donc dans la conciliation des principes d'ordre et de liberté.

IX

L'Exposé des motifs paraît bien d'accord avec nous sur ce point théorique; mais cet accord cesse dès que nous le suivons dans l'application.

La loi exclut des matières, que l'on pourra traiter dans les réunions, les questions politiques... Passe pour les questions religieuses, qui sont de nature à froisser et passionner, sans bon résultat, les esprits, et auxquelles suffit largement la discussion de la Presse sous ses formes multiples. Mais le droit de réunion est essentiellement politique : lui enlever ce caractère, c'est, à nos yeux, l'abolir.

— Vous aurez, nous dit-on, la liberté des réunions électorales; elle est suffisante. Vous pourrez discuter la ligne de conduite de vos représentants, et conclure par le retrait ou la continuation de leur mandat; vous pèserez les mérites des candidats rivaux; qui vous empêchera alors de manifester vos tendances et de formuler vos vœux? Votre choix fait, en toute liberté, en toute connaissance, vous avez un engagement qui vous lie; vous avez délégué des droits que vous ne pouvez reprendre. Que parlez-vous de contrôle? Ce serait un outrage, une entrave pour votre mandataire. Plutôt que de consacrer une pratique qui entretiendrait dans le pays une agitation malsaine et périlleuse, nous aimons mieux, nous législateurs, envisager la possibilité exceptionnelle d'un représentant infidèle à son mandat que le bouleversement et l'anarchie auxquels vous nous conduiriez infailliblement. Enfin il vous restera toujours, pour faire parvenir à l'autorité l'expression de vos vœux, la voie des pétitions. Qu'est-il besoin d'assemblées et de discours incendiaires? Vos noms réunis au bas d'une page en disent autant, et avec plus de force, que les décisions passionnées et les votes tumultueux de pareilles conférences.

Dangereux optimisme!

Nous le savons depuis longtemps, du reste, pour peu que les gens subtils s'en mêlent, les choses changent de nom suivant les circonstances, et, grâce à des distinctions délicates et à des promesses magnifiques, il n'y a rien qu'on ne justifie.

Sans suivre sur leur terrain mouvant les progressistes prudents, habiles aux volte-face et aux moyens termes, nous dirons seulement que la France a besoin de liberté; que ce besoin s'affirme hautement, avec énergie; qu'il est reconnu par le Souverain lui-même, qu'il faut le satisfaire.

. Dans quelle mesure? Là est toute la question.

Comme le Gouvernement et la majorité du Corps Législatif, nous reconnaissons la nécessité de conserver au pouvoir sa force, et d'entourer de sages mesures la liberté : nous en assurerons ainsi le développement et la durée.

Nous abhorrons les clubs; nous ne voulons pas dans l'État d'associations politiques ouvertes ou dissimulées; en effet, « toute association d'une part po-
« litique, de l'autre sans autorité, tend, par le besoin
« d'activité inséparable de tout ce qui a vie et force,
« à s'en procurer une; et, ne trouvant à s'exercer sur
« rien hors d'elle-même, puisque l'organisation
« publique ne lui laisse rien à faire, ce n'est qu'en
« désorganisant qu'elle peut produire une action (1). »
Si les réunions devaient, de quelque façon, prendre le caractère de telles sociétés, elles tomberaient sous le coup de la loi du 10 avril 1834.

Ce que nous réclamons est bien différent ; c'est le droit pour les citoyens de se réunir, de conférer sur les affaires publiques, sur leurs affaires, et d'adresser respectueusement leurs opinions et leurs vœux au Gouvernement. Le pouvoir se trouvera ainsi d'une manière permanente et calme en communication avec le Suffrage Universel, sa force et sa lumière.

Une grande question est-elle pendante, celle d'un emprunt national, par exemple, celle d'une loi mili-

(1) P.-L. Rœderer (brochure déjà citée).

taire qui réorganise l'armée et intéresse au dernier point la population entière? Le pays pourra faire entendre sa voix, et nous ne doutons pas que le Gouvernement et les Chambres soient alors mieux éclairés que par ces joutes oratoires où la passion et la vanité ont souvent la meilleure part.

N'est-ce pas là un résultat sérieux et désirable? Que d'inquiétudes calmées! que de scrupules levés! que d'attaques prévenues! Quelle force vous puisez dans la conscience que vous avez pour vous l'assentiment de la France!

Les élections faites tous les cinq ans, et dont les candidatures officielles faussent considérablement le résultat, ne suffisent pas, même avec le régime plus libéral qu'on nous offre, pour donner au Suffrage Universel une influence légitime sur les décisions et les actes du Gouvernement. Dans cet intervalle combien d'événements imprévus surgiront, combien de questions inattendues seront posées et devront être sur-le-champ résolues!

Privé du concours des Chambres, mal renseigné sur l'opinion publique, combien de fois le pouvoir sera-t-il exposé à faire fausse route avec les meilleures intentions! Une première faute en appelle une seconde, une troisième... *l'abîme appelle l'abîme!*

Tout cela eût été impossible si le Suffrage Universel eût trouvé quelque issue pour se manifester avec autorité.

Ce n'est pas seulement au Gouvernement, c'est au Corps Législatif lui-même que nous croyons nécessaire l'appui et le contrôle du Suffrage Universel s'exerçant par les réunions. Je me persuade difficilement que le pays ratifie le rapport de l'honorable M. Peyrusse, sorte de paraphrase décolorée de l'Exposé des motifs. Il s'écarte toutefois en trois courts passages du travail du Conseil d'État : le premier, où l'on reconnaît que nous vivons sous une législation peu libérale et sous un régime compressif (1); le second, où l'on parle de ce régime avec une tendresse mal dissimulée (2); le troisième, où l'on déclare que la France entend maintenir les institutions de 1852, qui sont néanmoins modifiées par le projet (3). Je me persuade plus aisément que, si M. Peyrusse avait pu tâter, comme on dit, le pouls au pays, il aurait, ainsi que la Commission, tenu un autre langage.

Or la Commission est ici l'organe de la majorité; et, si la majorité nous semble quelquefois peu d'accord avec le sentiment public, n'est-ce pas parce qu'un grand nombre de députés ne sont pas en contact suffisant avec leurs électeurs, dont ils connaissent mal les tendances et les vœux, qu'ils visitent trop rarement et qu'ils traiteraient avec plus de considération, s'il n'existait pas

(1) « Plus libéral que la législation qui nous régit, le Gouver-« nement de l'Empereur... » p. 2 du Rapport.

(2) « C'est à ce régime que la France a dû quinze années de « calme et de prospérité ; nous ne saurions l'oublier, » p. 5.

(3) « Les institutions que la France s'est données en 1852 et « qu'elle entend maintenir, » p. 16.

entre eux l'intervention officielle ou officieuse du
Préfet?

Quel est le remède à ce mal ? Je n'en vois qu'un :
c'est l'exercice du droit de réunion. Et, quoi qu'on
ait pu nous dire, nous nous sommes obstiné à pré-
tendre que ce n'était pas avoir une trop haute opinion de la Chambre que de s'attendre à la voir
consacrer ce droit par son vote.

X

Concluons :

La France a besoin de liberté. Le droit de réunion,
qu'il s'agit de lui rendre, n'a de portée et de signification que si on l'applique aux questions politiques.

Ainsi entendu, le droit de réunion, restreint à la
période électorale et laissant, avant le scrutin, cinq
jours à la pression administrative, nous paraît in-
suffisant, illusoire.

C'est une nécessité, un devoir pour le Gouvernement et le Corps législatif, de chercher, à tout moment, lumière et appui dans le Suffrage Universel ;
rien n'approche plus des manifestations souveraines
de ce suffrage que les vœux émis par les réunions
populaires.

Faisons maintenant la part de l'autorité, mais en
proscrivant l'arbitraire. Que cette loi soit, si l'on

veut, une tentative, et qu'on lui donne un caractère transitoire. Cependant que l'expérience soit sérieuse et qu'on en puisse tirer une conclusion. Nous admettons la déclaration préalable avec ses formalités; l'administration pourra ajourner la réunion, mais les tribunaux civils seront appelés, dans un délai fixé, à prononcer sur l'ajournement. Nous repoussons l'intervention de la police, qui n'a pas d'appréciations à faire ni de jugements à porter.

L'amendement de l'opposition nous aurait paru plus sérieux, s'il avait admis ces considérations. Il ne faut pas que la conquête libérale, que nous poursuivons, soit éphémère, comme tant d'autres.

Nous soumettons avec confiance à l'opinion le projet de loi amendé d'après ces conclusions, que nous dictent les leçons du passé, le désir du progrès et le sentiment réfléchi des nécessités présentes.

LOI SUR LES RÉUNIONS

PROJET DE LOI
DE LA COMMISSION.

TITRE I.
Des réunions publiques non politiques.

ARTICLE PREMIER.

Les réunions publiques peuvent avoir lieu sans autorisation préalable, sous les conditions prescrites par les articles suivants.

Toutefois les réunions publiques ayant pour objet de traiter de matières politiques ou religieuses continuent à être soumises à cette autorisation.

ART. 2.

Chaque réunion doit être précédée d'une déclaration signée par sept personnes domiciliées dans la commune où elle doit avoir lieu, et jouissant de tous leurs droits civils et politiques.

Cette déclaration indique les noms, qualités et domiciles des déclarants, le local, le jour et l'heure de la séance, ainsi que l'objet spécial et déterminé de la réunion.

PROJET DE LOI
AMENDÉ.

TITRE I.
Des réunions publiques.

ARTICLE PREMIER.
Comme au projet.

Toutefois les réunions publiques ayant pour objet de traiter les matières religieuses continuent à être soumises à cette autorisation.

ART. 2.
Comme au projet.

Comme au projet.

PROJET DE LA COMMISSION.	PROJET AMENDÉ.

Elle est remise à Paris au préfet de police; dans les départements au préfet ou au sous-préfet.

Comme au projet.

Il est donné immédiatement un récépissé qui doit être représenté à toute réquisition des agents de l'autorité.

Comme au projet.

La réunion ne peut avoir lieu qu'un jour franc après la délivrance du récépissé.

Art. 3.

Une réunion ne peut être tenue que dans un local clos et couvert. Elle ne peut se prolonger au-delà de l'heure fixée par l'autorité compétente pour la fermeture des lieux publics.

Art. 3.

Comme au projet.

Art. 4.

Chaque réunion doit avoir un bureau composé d'un président et de deux assesseurs au moins qui sont chargés de maintenir l'ordre dans l'assemblée et d'empêcher toute infraction aux lois.

Les membres du bureau ne doivent tolérer la discussion d'aucune question étrangère à l'objet de la réunion.

Art. 4.

Comme au projet.

Comme au projet.

Art. 5.

Un fonctionnaire de l'ordre judiciaire ou administratif,

Art. 5.

Comme au projet.

PROJET DE LA COMMISSION.

délégué par l'Administration, peut assister à la séance.

Il doit être revêtu de ses insignes, et prend une place à son choix.

ART. 6.

Le fonctionnaire qui assiste à la réunion a le droit d'en prononcer la dissolution : 1° Si le bureau, bien qu'averti, laisse mettre en discussion des questions étrangères à l'objet de la réunion ; 2° Si la réunion devient tumultueuse.

Les personnes réunies sont tenues de se séparer à la première réquisition.

Le délégué dresse procès-verbal des faits, et le transmet à l'autorité compétente.

ART. 7.

Il n'est pas dérogé par les art. 5 et 6 aux droits qui appartiennent aux maires en vertu des lois existantes.

TITRE II.

Des réunions publiques électorales.

ART. 8.

Des réunions électorales peuvent être tenues, à partir de la promulgation du décret de convocation d'un collége pour l'élection d'un député au

PROJET AMENDÉ.

Comme au projet.

ART. 6.

Comme au projet.

Comme au projet.

Comme au projet.

ART. 7.

Comme au projet.

TITRE II.

Des réunions publiques électorales.

ART. 8.

Les réunions électorales ne pourront avoir lieu dans les deux derniers jours précédant le jour du scrutin.

PROJET DE LA COMMISSION.

Corps Législatif, jusqu'au cinquième jour avant celui fixé pour l'ouverture du scrutin.

Ne peuvent assister à cette réunion que les électeurs de la circonscription électorale et les candidats qui ont rempli les formalités prescrites par l'art. 1 du sénatus-consulte du 17 février 1858.

Ils doivent, pour y être admis, faire connaître leurs nom, qualité et domicile.

La réunion ne peut avoir lieu qu'un jour franc après la délivrance du récépissé qui doit suivre immédiatement la déclaration.

Toutes les autres prescriptions des art. 2, 3, 4, 5 et 6 sont applicables aux réunions électorales.

TITRE III.

Dispositions générales.

ART. 9.

Sont punis d'une amende de 200 à 5,000 francs et d'un emprisonnement de six jours à six mois, pour contravention aux dispositions de la présente loi :

1° Ceux qui ont organisé, dirigé ou présidé une réunion, et ceux qui ont prêté ou loué le local où elle a été tenue,

---

PROJET AMENDÉ.

Comme au projet.

Supprimé.

Supprimé.

Comme au projet.

TITRE III.

Dispositions générales.

ART. 9.

Comme au projet.

1° Ceux qui ont organisé, dirigé ou présidé une réunion et ceux qui ont prêté ou loué le local où elle a été tenue,

PROJET DE LA COMMISSION.

en cas de contravention aux articles 2 et 3 et au quatrième paragraphe de l'article 8;

2° Ceux qui ont siégé au bureau, en cas de contravention aux articles 3 et 4;

3° Ceux qui se sont livrés à des discussions étrangères à l'objet de la réunion;

4° Ceux qui se sont introduits dans une réunion électorale en contravention au deuxième paragraphe de l'article 8.

Sans préjudice des poursuites qui peuvent être exercées pour tous crimes ou délits commis dans ces réunions publiques et de l'application des dispositions pénales relatives aux associations ou réunions non autorisées.

Art. 10.

Tout membre du bureau ou de l'assemblée, qui n'obéit pas à la réquisition faite à la réunion par le représentant de l'autorité d'avoir à se disperser, est puni d'une amende de 300 à 6,000 francs, et d'un emprisonnement de quinze jours à un an, sans préjudice des peines portées par le Code pénal pour résistance, désobéissance et autres manque-

PROJET AMENDÉ.

en cas de contravention aux articles 2 et 3 et au cinquième paragraphe de l'article 2.

Comme au projet.

Comme au projet.

Comme au projet.

Comme au projet.

Art. 10.

Comme au projet.

PROJET DE LA COMMISSION.

ments envers l'autorité publique.

ART. 11.

Quiconque se présente dans une réunion avec des armes apparentes ou cachées est puni d'un emprisonnement d'un mois à un an, et d'une amende de 300 francs à 10,000 francs.

ART. 12.

Dans tous les cas prévus par la présente loi, les tribunaux peuvent prononcer contre le condamné la privation de ses droits électoraux, pendant un an au moins et cinq ans au plus.

ART. 13.

L'article 463 du Code pénal est applicable aux délits et aux contraventions prévus par la présente loi.

ART. 14.

Le préfet de police à Paris, les préfets dans les départements, peuvent ajourner toute réunion qui leur paraît de nature à troubler l'ordre ou à compromettre la sécurité publique.

L'interdiction de la réunion ne peut être prononcée que par décision du ministre de l'intérieur.

PROJET AMENDÉ.

ART. 11.

Comme au projet.

ART. 12.

Comme au projet.

ART. 13.

Comme au projet.

ART. 14.

L'Administration pourra ajourner les réunions qui auraient pour but la discussion de la Constitution ou de principes contraires aux lois.

Les tribunaux civils seront appelés à prononcer sur l'ajournement dans la huitaine qui en suivra la signification,

PROJET DE LA COMMISSION.	PROJET AMENDÉ.
Art. 15.	**Art. 15.**
Sont abrogés les lois et décrets antérieurs en ce qu'ils ont de contraire à la présente loi.	Comme au projet.

Paris. — Imprimerie de Ad. Lainé et J. Havard, rue des Saints-Pères, 19.

www.ingramcontent.com/pod-product-compliance
Ingram Content Group UK Ltd.
Pitfield, Milton Keynes, MK11 3LW, UK
UKHW021010120726
13693UKWH00004B/1899